四川省地方标准

高速公路沥青路面养护设计指南

Specifications for maintenance design of asphalt pavement of expressway

DB 51/T 2603—2019

主编单位：四川省公路规划勘察设计研究院有限公司
批准部门：四川省市场监督管理局
实施日期：2019 年 09 月 01 日

人民交通出版社股份有限公司

图书在版编目(CIP)数据

高速公路沥青路面养护设计指南 / 四川省公路规划勘察设计研究院有限公司主编. — 北京 : 人民交通出版社股份有限公司, 2019.12

ISBN 978-7-114-16101-8

Ⅰ. ①高… Ⅱ. ①四… Ⅲ. ①高速公路—沥青路面—公路养护—四川—指南 Ⅳ. ①U418.6-62

中国版本图书馆 CIP 数据核字(2019)第 279489 号

书　　名: 高速公路沥青路面养护设计指南
著 作 者: 四川省公路规划勘察设计研究院有限公司
责任编辑: 黎小东
责任校对: 孙国靖　扈　婕
责任印制: 张　凯
出版发行: 人民交通出版社股份有限公司
地　　址: (100011)北京市朝阳区安定门外外馆斜街 3 号
网　　址: http://www.ccpress.com.cn
销售电话: (010)59757973
总 经 销: 人民交通出版社股份有限公司发行部
经　　销: 各地新华书店
印　　刷: 北京市密东印刷有限公司
开　　本: 880 × 1230　1/16
印　　张: 1.75
字　　数: 49 千
版　　次: 2019 年 12 月　第 1 版
印　　次: 2019 年 12 月　第 1 次印刷
书　　号: ISBN 978-7-114-16101-8
定　　价: 40.00 元

目　次

前　言

本标准按照 GB/T 1.1—2009 给出的规则起草。

本标准由四川省交通运输厅提出并归口。

本标准由四川省市场监督管理局批准发布。

本标准起草单位:四川省公路规划勘察设计研究院有限公司。

本标准主要起草人:张晓华、张蓉、毛成、张毅、易守春、蒋双全、张光勇、罗方军、刘晓凤、蒋庆华、罗丝雨、孟良、蔡佳利、谌文、周水文。

高速公路沥青路面养护设计指南

1 范围

本指南规定了高速公路沥青路面养护设计的总则、调查与评价、路面养护工程设计、材料设计等要求。

本指南适用于四川省内高速公路沥青路面养护设计。

2 规范性引用文件

下列文件对于本文件的应用是必不可少的。凡是注日期的引用文件,仅注日期的版本适用于本文件。凡是不注日期的引用文件,其最新版本(包括所有的修改单)适用于本文件。

JTG B01　公路工程技术标准
JTG D20　公路路线设计规范
JTG D30　公路路基设计规范
JTG/T D33　公路排水设计规范
JTG D50　公路沥青路面设计规范
JTG 5210　公路技术状况评定标准
JTG 5421　公路沥青路面养护设计规范
JTG 5142　公路沥青路面养护技术规范
JTG/T 3364-02　公路钢桥面铺装设计与施工技术规范
JTG H30　公路养护安全作业规程
JTG F40　公路沥青路面施工技术规范
JTG/T F20　公路路面基层施工技术细则
JTG/T 5521　公路沥青路面再生技术规范
JTG E20　公路工程沥青及沥青混合料试验规程
JTG E42　公路工程集料试验规程
JTG E60　公路路基路面现场测试规程
JTG/T D31-06　季节性冻土地区公路设计与施工技术规范
JTG F80/1　公路工程质量检验评定标准　第一册　土建工程
JT/T 696　路面裂缝贴缝胶
JT/T 740　路面加热型密封剂
JT/T 971　沥青加铺层用聚合物改性沥青抗裂贴
公路工程基本建设项目设计文件编制办法(交公路发〔2007〕358 号)
公路工程养护管理办法(交公路发〔2018〕33 号)
DB 51/T 2602　高速公路沥青路面设计与施工技术指南

3 术语和符号

3.1 术语

3.1.1

预防养护 preventive maintenance

路面整体性能良好但有轻微病害,为延缓性能过快衰减,延长使用寿命而预先采取的主动养护。

3.1.2

修复养护 restorative maintenance

路面出现明显病害或部分丧失服务功能,为恢复技术状况而进行的修复性养护工程,包括功能性修复养护和结构性修复养护。

3.1.3

单车道网裂面积率(CAR) single lane crack area ratio

100m 路段路面单车道网裂病害面积的比率,以百分数表示。

3.1.4

单车道修补面积率(PAR) single lane repair area ratio

100m 路段路面单车道修补面积的比率,以百分数表示。

3.1.5

单车道纵向裂缝率(LCR) single lane longitudinal crack ratio

100m 路段路面单车道纵向裂缝长度的比率,以百分数表示。

3.1.6

单车道横向裂缝率(TCR) single lane transverse crack ratio

100m 路段路面单车道横向裂缝长度的比率,以百分数表示。

3.1.7

超薄罩面 ultra-thin overlay

采用传统摊铺设备或专用设备将间断级配或开级配的热拌沥青混合料铺筑在既有沥青路面上,厚度小于 25mm,可快速开放交通的薄层结构。

3.1.8

薄层罩面 thin overlay

将密级配、开级配或间断级配的热拌沥青混合料摊铺在路面上,厚度不小于 25mm 且小于 40mm 的薄层结构。

3.1.9

就地热再生 hot in-place recycling

采用专用的就地热再生设备,对沥青路面进行加热、翻松,就地掺入一定数量的新沥青、新沥青混合料、再生剂等,经热态拌和、摊铺、碾压等工序,一次性实现对表面一定深度范围内的旧沥青路面再生的技术。分为复拌型就地热再生和加铺型就地热再生。

3.1.10

沥青混合料回收料 reclaimed asphalt pavement(RAP)

采用铣刨、开挖等方式从沥青路面上获得的旧沥青混合料。

3.1.11

厂拌热再生 hot central plant recycling

将沥青混合料回收料(RAP)运至沥青拌和厂,经破碎、筛分,以一定的比例与新集料、新沥青、再生剂等加热拌和为混合料,然后铺筑形成沥青路面的技术。

3.1.12

厂拌冷再生 cold central plant recycling

将沥青混合料回收料(RAP)运至沥青拌和厂,经破碎、筛分,以一定的比例与新集料、稳定剂、填料、水等在常温下拌和为混合料,然后铺筑形成沥青路面的技术。

3.1.13

精铣刨 fine milling

采用相邻两个铣刨刀具的垂直投影之间的刀尖间距不大于8mm,每个铣刨圆截面有180°对称分布的两个刀头的铣刨鼓对路面进行的铣刨作业。

3.1.14

钢桥面铺装 steel deck pavement

正交异性钢桥面的桥面铺装,根据铺装层的功能要求,主要由防水层(黏结层)、保护层和磨耗层等组合而成。

3.2 符号

AC——密级配沥青混合料;
AC-C——密级配粗型沥青混合料;
SMA——沥青玛蹄脂碎石混合料;
PFC——排水抗滑沥青混合料;
ARSMA——橡胶沥青玛蹄脂碎石混合料;
ATB——密级配沥青稳定碎石;
RAP——回收沥青路面材料;
PG——沥青路用性能分级;
SRI——路面抗滑性能指数;
PSSI——路面结构强度指数;
PCI——路面损坏状况指数;
RQI——路面行驶质量指数;
RDI——路面车辙深度指数。

4 总则

4.1 为规范四川省高速公路沥青路面养护设计,提高设计质量,延长路面使用寿命,促进高速公路沥青路面养护设计工作的科学化、规范化和制度化,根据行业的相关规定,结合四川省高速公路沥青路面养护实践,编制本指南。

4.2 本指南适用于四川省高速公路沥青路面预防养护及修复养护设计(具体分类参见附录A),专项养护、改扩建工程以及其他等级道路沥青路面养护设计可参照执行。

4.3 管理机构或经营管理单位应根据路面技术状况,结合养护管理科学化决策技术,制订养护计划,建立养护项目库,在此基础上进行养护设计。

4.4 在科学调查分析的基础上,针对不同病害的分布特点进行分段、分类设计,分车道初拟方案、全断面综合设计。同时,根据全寿命周期成本最优的理念和投资规模等,通过技术经济分析,选定养护设计方案,然后进行结构组合、厚度设计和材料设计。

4.5 高速公路沥青路面养护工程一般采用一阶段施工图设计,但应包含技术方案论证经济比选内容。对技术复杂的和结构性修复的路面养护工程宜采用技术(方案)设计和施工图两阶段设计。

4.6 应遵循因地制宜、就地取材、资源节约、循环利用、绿色环保原则,结合项目特点和工程经验,积极稳妥地采用新技术、新材料、新工艺和新设备,尚无相关标准参照的,应经试验论证审查后方可应用。

4.7 应结合工程特点和工艺需要,做好施工期交通组织设计和临时安全设施设计,减少养护工程施工对交通影响,保障运行安全及养护作业安全。

4.8 养护设计除应符合本指南的规定外,尚应符合国家和行业现行有关标准、规范的规定。

5 调查与评价

5.1 一般规定

5.1.1 路况调查深度应满足路面养护设计的需要。

5.1.2 路况调查应根据养护设计的不同阶段有所侧重,分初勘调查、施勘调查和施工调查三个阶段;初勘调查适用于技术(方案)设计阶段,施勘调查适用于施工图阶段,施工调查适用于施工进场调查。一阶段施工图设计应同时包含初勘调查和施勘调查有关内容。

5.1.3 初勘调查时路面技术状况调查可以快速无损自动化检测为主,人工调查及破损检测为辅。施勘调查时路面损坏调查宜人工调查,并辅以钻芯、探坑等破损检测。

5.2 基础资料调查

5.2.1 基础资料包括道路基本信息、自然条件、管养信息、交通状况、筑路材料、经济参数等,可参考表1。

表1 基础资料项目

序号	收集项目	详细内容
1	道路基本信息	概况(通车时间、建设历史等)、原路基及路面设计资料、路面结构及各结构层原材料性质及质量检测数据、长大纵坡路段、交竣工资料(含变更)等
2	自然条件	自然区划、气候资料、地形地貌、水文地质等
3	管养信息	历年养护资料(养护路段、时间、方案和效果)及路况检测资料等
4	交通状况	收集相关站点交通流量及断面交通量,调查年平均日交通量交通组成及轴载状况等
5	筑路材料	料场分布、运输距离、材料单价等
6	经济参数	人工费用、运输成本、地方经济指标等

a) 交通量调查。应包括交通量及增长率、方向系数、车道系数、车辆类型组成、轴组组成和轴重等。

b) 气候资料。包括项目沿线的年平均温度、最冷月平均气温、最热月平均气温、极端最低温度、年平均降雨量及降雨强度、冻害等,如不同路段间差异显著,应分别收集、统计。

5.3 初勘调查

5.3.1 应分方向对主要行车道路面进行重点检测,对其他车道可进行抽样性补充。路面技术状况检测内容主要包括路面损坏、平整度、车辙、路面磨耗、抗滑性能和路面结构强度,应符合表2的要求,并按照《公路技术状况评定标准》(JTG 5210)相关要求评定。

表2 路面技术状况检测要求

检测项目	需求	范围	频率	检测设备	检测方法
路面损坏	应	各车道	连续	路况综合检测车或人工	T 0974
路面平整度	应	行车道	连续	激光平整度仪	T 0934

表2　路面技术状况检测要求(续)

检测项目	需　求	范　围	频　率	检测设备	检测方法
路面车辙	应	行车道	连续	激光车辙仪	T 0975
路面结构强度	应	行车道	连续	落锤式弯沉仪或自动弯沉仪	T 0953 或 T 0952
路面抗滑性能	应	行车道	连续	横向力系数测试仪/构造深度测试仪	T 0967/T 0966

a) 路面技术状况数据采集指标和检测方法应统一,应建立严格的质量控制流程,确保采集数据的完整性、有效性及准确性。

b) 如定期检测数据与初勘时间间隔不超过6个月,可利用定期检测数据,否则应重新检测。

c) 路面抗滑性能宜同时检测横向力系数及路面磨耗,根据表面层沥青混合料的类型判定路面的抗滑性能。

5.3.2 应对典型病害采用钻芯、探坑或雷达探测等手段进行检测和材料试验,确定病害严重程度、发展层位,以及既有结构层厚度。

5.3.3 拟对既有路面材料再生利用的养护工程,应对既有路面材料进行取样。取样方法及频率参照《公路沥青路面再生技术规范》(JTG/T 5521)及《公路沥青路面养护设计规范》(JTG 5421)等要求,检测内容包括沥青含量、回收沥青的性能,必要时进行集料级配及集料性能指标等。

5.3.4 应根据基础资料及路面技术状况检测,对局部存在路基病害的路段进行专项调查分析。

5.3.5 应调查养护项目排水状况,包括路表排水、路面结构内部排水、地下排水等,各种设施的使用要求应符合《公路排水设计规范》(JTG/T D33)的相关规定。应详细列出需要增加和修复的排水设施的路段和类型,评估既有结构内部排水情况,在养护设计时应充分考虑。

5.3.6 应对养护设计有一定影响或可能受影响的交通工程及沿线设施、桥梁伸缩缝、路缘石、跨线桥净空、隧道建筑限界、桥隧结构物分布,以及事故多发路段等进行调查。

5.3.7 应调查项目区域筑路材料的储量、运输方式及运距,并应取样试验。

5.4 施勘调查

5.4.1 在基础资料及初勘调查的基础上,分段、分车道查明既有路面的损坏状况、结构厚度、内部结构状况、材料性能及结构参数,应符合表3的要求。

表3　施勘检测要求

检测项目	需求	范围	频　率	检测设备	检测方法
路面损坏状况	应	各车道	全线,分方向	人工	JTG 5421 附录 A
路面结构强度	应	行车道	不少于20点/(km·车道)	落锤式弯沉仪、自动弯沉仪	T 0953/T 0952
路面结构厚度	应	行车道	连续/抽样、分车道	雷达或钻芯	T 0912 或 T 0913
内部结构状况	应	分方向	抽样	钻芯、探坑或雷达	T 0912 或 T 0913
既有路面材料性能	应	分方向	抽样	钻芯或探坑	相关试验规定
既有路面结构参数	应	行车道	不少于1点/(km·车道)	落锤式弯沉仪	T 0953

a) 养护类型判定为预防养护、功能性修复的路段,既有路面结构参数可抽样检测,宜采用落锤式弯沉仪检测,并按有关要求反算既有路面结构参数。

b) 拟对既有路面材料就地再生利用的养护工程,既有路面材料性能检测的取样频率宜不少于1点/(5km·车道),检测内容包括沥青含量、回收沥青的性能,必要时进行集料级配及集料性能指标等。

c） 结构性修复除符合上述规定外，尚应符合《公路沥青路面养护设计规范》（JTG 5421）的有关要求。

5.4.2 施勘检测时的路面损坏宜以人工调查为主，可采用自动化检测但应辅以人工识别。评价单元划分宜根据交通状况，病害类型、程度及密度适当调整，并统计路面破损率 DR、单车道网裂面积率、单车道修补面积率、纵向裂缝率、横向裂缝率等单项参数。

a） 路面破损率 DR 参照《公路技术状况评定标准》（JTG 5210）计算。

b） 网裂面积率（CAR），按式（1）计算。

$$CAR = \frac{CA}{AA} \times 100 \tag{1}$$

c） 修补面积率（PAR），按式（2）计算。

$$PAR = \frac{PA}{AA} \times 100 \tag{2}$$

d） 纵向裂缝率（LCR），按式（3）计算。

$$LCR = \frac{LC}{LU} \times 100 \tag{3}$$

e） 横向裂缝间距（TCR），按式（4）计算。

$$TCR = \frac{TC}{LU} \times 100 \tag{4}$$

式中：CAR——网裂面积率（%）；

PAR——修补面积率（%）；

LCR——纵向裂缝率（%）；

TCR——横向裂缝率（%）；

CA——100m 路段内折合网裂病害面积之和（m^2）；

AA——100m 路段面积（m^2）；

PA——100m 路段内沥青路面修补病害面积之和（m^2）；

LC——100m 路段内纵向裂缝长度之和（m）；

TC——100m 路段内横向裂缝长度之和（m）；

LU——100m 路段（m）。

5.4.3 应通过钻芯、探坑或地质雷达等方式对沥青面层、基层及底基层等厚度进行检测，检测方法及频率可参照《公路路基路面现场测试规程》（JTG E60）及《公路沥青路面养护设计规范》（JTG 5421）附录 A 进行。

5.4.4 内部结构状况应包括路面结构内部损坏类型、病害发展层位及损坏严重程度、结构层间黏结状况，以及结构层材料力学强度等，同时观测各结构层完整性。可通过钻芯取样、探坑观测、探地雷达图谱等进行判定，钻芯和探坑频率应包括所有病害类型且满足规范有关要求，探地雷达宜连续检测。

a） 通过对典型裂缝及龟裂病害钻芯，根据裂缝宽度、深度，判断裂缝产生及发展的层位。

b） 对变形类病害，应在破坏位置开展钻芯取样及材料试验等调查工作，测定各层厚度变化情况、沥青混合料力学特性等因素进行分析，判断变形发生层位及产生原因。

c） 如采用探地雷达检测，应进行钻芯标定，通过雷达图谱的判读，识别结构层内部缺陷类型、发展层位及严重程度。

d） 通过芯样层间状况及典型芯样力学强度试验，判断沥青路面结构层的状况，分析结构层强度匹配性。

5.4.5 既有路面材料性能检测要求路面芯样不仅仅位于典型病害位置，同时还宜在病害周围较好的位置取样对比，测试旧路面材料性能包括旧沥青性能、沥青混合料组成，甚至包括基层材料强度、土基材料性质等。

5.5 施工调查

5.5.1 根据路面养护特点,应进行施工调查,调查内容以路面为主,包括施工前调查和施工过程中调查,可有效控制施工质量和工程数量,是施工图设计不可或缺的环节。

5.5.2 施工前,应充分利用初勘调查、施勘调查成果,发包人、监理人、设计代表和承包人共同对原路面进行核查,对施工图设计文件进一步验证和优化,进一步查明既有路面详细损坏状况和路面内部结构状况。

5.5.3 施工过程中,发包人、监理人、设计代表和承包人共同根据开挖的内部结构状况,对确定病害处治范围和深度进一步核查,为病害处治施工提供资料。

5.6 数据分析评价

5.6.1 路面病害的原因、层位、破坏程度、发展趋势和可利用程度,是拟定养护方案和确定既有路面处治方案的重要依据。

5.6.2 根据基础资料、初勘调查、施勘调查以及施工调查,分段评价和分析既有病害产生的原因、发展层位及发展趋势。

5.6.3 应对全线路面病害类型、分布特点、主要产生原因、病害发展层位等进行综合性描述,保证养护设计方案的针对性和科学性。

6 路面养护工程设计

6.1 一般规定

6.1.1 应在充分调查和分段评估既有路面状况、分析病害原因的基础上,制订切实可行的养护方案,对局部病害提出针对性处治措施,确保得到有效处治。

6.1.2 路面养护实行动态设计,工程实施阶段应及时跟踪病害发展情况,根据需求进行设计变更,动态设计应以完整的施工设计图为基础,适用于施工阶段。

6.1.3 在设计使用年限内沥青路面应具有足够的抗车辙、抗开裂、抗疲劳、抗水损害等路用性能和良好的平整、抗滑、耐磨与低噪声等使用功能要求。

6.1.4 应加强功能层设计,使既有路面与加铺层整体受力、新旧沥青路面界面黏结牢固等。

6.1.5 应积极、稳妥地利用既有路面结构和材料,以及养护新技术。

6.2 预防养护工程

6.2.1 确定为预防养护的设计单元,设计使用年限不应低于3年,宜为3~5年,封缝类及表面涂刷或喷洒类可取低限,其他类宜取高限。

6.2.2 预防养护时机宜符合以下要求:

a) 预防养护方案选择前,应对道路的路面技术状况进行全面的调查和检测。

b) 预防养护时机以路面技术状况及病害程度为基准,达到或接近预防养护条件,预防养护标准可参照表4。表面层为改性沥青玛蹄脂碎石 SMA 时,抗滑性能宜结合 SRI 和构造深度综合确定。

表4 预防养护标准

<table>
<tr><th colspan="5">评 价 指 标</th></tr>
<tr><td rowspan="3">PSSI≥80</td><td rowspan="2">PCI≥92</td><td>RQI≥92</td><td>RDI≥75</td><td>SRI≤75</td></tr>
<tr><td>85≤RQI<92</td><td>—</td><td>—</td></tr>
<tr><td>85≤PCI<92</td><td>RQI≥85</td><td>—</td><td>—</td></tr>
</table>

6.2.3 预防养护方案选择应结合路面状况、气候条件、通车年限、交通量及交通组织方案、实施时机和养护资金等，进行多方案比选和全寿命周期费用效益分析[具体计算方法参见《公路沥青路面养护设计规范》(JTG 5421)附录C]，综合评定后选择适宜的养护方案。常用预防养护方案及适用条件参考表5。

表5 预防养护方案常用类型及适用条件

方案类型	适用条件	
	使用对象	使用目的
封缝类	出现纵、横向单一裂缝	封水，延缓路面病害的恶化
表面涂刷或喷洒类	渗水、老化、微裂缝、松散及麻面	封水，延缓老化，减少水损害
微表处	渗水、老化、抗滑能力不足、轻中度裂缝、松散和轻度车辙	封水，延缓老化，提高路面抗滑性能，修复车辙
超薄罩面 (厚度 <25mm)	渗水、老化、抗滑能力不足、轻中度裂缝、龟裂、松散和轻度车辙	提高路面抗滑性能及使用性能
薄层罩面 (25mm≤厚度 <40mm)	渗水、老化、抗滑能力不足、轻中度裂缝、龟裂、松散和轻度车辙	封水，封闭裂缝，提高路面抗滑性能，提高路面使用性能
复拌型就地热再生	1. 病害位于表面层； 2. 车辙深度宜小于15mm； 3. 回收沥青针入度不应低于20(0.1mm)	恢复路表功能，提高路面使用性能
加铺型就地热再生	1. 病害位于表面层； 2. 车辙深度宜小于15mm； 3. 回收沥青针入度不应低于20(0.1mm)	高程不受限或影响不大，交通量较大路段

a) 封缝类预防养护应根据裂缝类型特点、严重程度及原因，采用适宜的处治措施，裂缝处治应符合《公路沥青路面养护技术规范》(JTG 5142)的有关规定，应及时进行裂缝封闭。

b) 表面涂刷或喷洒类预防养护技术主要包括喷砂雾封层、水性环氧嵌固封层等，部分产品实施后易导致路面抗滑性能下降，选择时应充分论证确保路面抗滑性能满足要求，且抗滑耐久性好。

c) 超薄或薄层罩面宜进行专项设计，超薄类罩面主要有 CPA-10/7、PFC-5 等；薄层类罩面主要有 SMA-10、PFC-10、Novachip 等，抗滑性能应满足有关要求。

d) 对紫外线强烈、常年高温的攀西地区及凉山州局部地区，回收改性沥青 25℃ 针入度可适当放宽，不应小于15(0.1mm)，经试验论证能满足要求时方可使用。

6.2.4 预防养护不仅要技术可行，还应全寿命周期效益费用最优。为更合理地进行经济效益分析，养护管理单位宜积极积累各种预防养护措施的使用性能数据，对已实施了预防养护技术的路段进行连续跟踪调查，为各种预防养护措施建立性能衰减模型。

6.2.5 预防养护技术应加强材料、施工过程等控制。

a) 应对预防养护材料和工艺提出明确要求，且满足产品指导书和有关规范要求。

b) 施工时应选择专业的队伍、精良的装备、优质的材料、严格的管理以及合适的施工时间。

c) 规模化施工前应铺筑试验段，经论证后再推广应用。

6.3 功能性修复养护工程

6.3.1 确定为功能性修复养护的设计单元,预期设计使用年限不应低于 5 年,宜为 5 ~8 年。

6.3.2 功能性修复养护时机是路面结构评价为良及以上,沥青面层病害以轻或中等为主,路面状况尚可,平整度略差,功能性修复养护标准参考表 6。车辙深度大于 20mm,如变形在上、中面层,应实施车辙功能性修复专项处治。

表 6 功能性修复养护标准

评 价 指 标			
PSSI≥80	PCI≥92	RQI≥92	RDI < 75
		RQI < 85	—
	85≤PCI≤92	RQI < 85	—
	70≤PCI < 85	—	—

6.3.3 结构组合设计应符合以下要求:

a) 应根据路面技术状况指数评价等级、病害成因、养护规划、施工条件,以及类似项目经验进行功能层设计。

b) 功能性修复路段的结构组合类型主要有直接加铺罩面和铣刨加铺罩面两类,应结合主导病害类型和产生原因、分布范围、施工难易程度及经济性等因素,确定主导养护方案。

c) 满足功能性修复的方案众多,应进行功能性修复的多方案比选,从材料、厚度、施工工艺、与路面养护工程相关的其他项目等方面进行技术论证,并进行全寿命周期费用效益分析,优选适宜方案。功能性修复养护方案类型的适用条件参考表 7。

d) 罩面层厚度宜采用 40 ~60mm,罩面沥青混合料的矿料级配类型及组成结构可采用骨架-密实型级配、密实-悬浮型级配,以及骨架-空隙排水型级配类型,常用沥青混合料有 SMA-13、AC-13C、Sup12.5、ARSMA-13 及 PFC-13。

表 7 功能性修复养护方案类型的适用条件

功能性修复方案类型		适 用 条 件	
		面层状况	高程要求
罩面类	直接加铺	1. 裂缝类病害较少,且多数未贯穿面层; 2. 局部中度沉陷; 3. 车辙深度宜小于 15mm; 4. 平整度略差,抗滑性能差	高程不受限或影响不大,局部病害修补后加铺沥青混合料罩面
	铣刨恢复	1. 裂缝类病害较多或老化严重,且多数贯穿面层; 2. 局部中度沉陷; 3. 车辙深度大于 15mm	高程受限,铣刨既有表面层,局部处治既有中、下面层或基层,重新铺筑性能优良的表面层
再生类	加铺型就地热再生	1. 路面病害主要是表面层裂缝类; 2. 车辙深度宜小于 15mm; 3. 回收沥青针入度不应低于 20(0.1mm)	高程不受限或影响不大,交通量较大的路段

6.3.4 直接加铺罩面类适用于既有路面混合料性能良好,路面损坏状况指数评价为中及以上等级,且高程不受限,桥面如直接加铺,应进行桥梁结构验算。

6.3.5 铣刨恢复类适用于既有路面混合料性能老化严重,路面损坏状况指数评价中及以上等级,或高程受限或桥梁结构物恒载受限等。

6.3.6 修复养护方案确定后,无论是直接加铺罩面,还是铣刨恢复,应按照《公路沥青路面设计规范》(JTG D50)对既有路面结构层和加铺层进行结构验算。

6.3.7 应在修补合格的下承层上设置应力吸收层或铺设防裂卷材等,延缓反射裂缝的出现。

6.3.8 应对涉及的材料及施工工艺提出明确要求,且满足《公路沥青路面施工技术规范》(JTG F40)、《公路沥青路面再生技术规范》(JTG/T 5521)等有关规定。

6.4 结构性修复养护工程

6.4.1 确定为结构性修复养护的设计单元,预期设计使用年限不应低于10年,宜为10~15年。

6.4.2 结构性修复养护标准参考表8。车辙深度大于20mm,如变形在全部沥青层,应实施车辙结构性修复专项处治。

表8 结构性修复养护标准

评价指标	
PSSI≥80	PCI<70
PSSI<80	—

6.4.3 结构组合设计应符合以下要求:

a) 根据路面技术状况指数评价等级、病害成因、养护规划、类似项目成果经验等进行结构组合设计。

b) 结构性修复的结构组合方案主要包括直接加铺和结构重建,不宜采用大面积翻挖方案。

c) 采用结构性修复养护的既有路面病害严重,应进行多方案比较,经充分的技术、经济综合论证,选定适宜方案。结构性修复养护方案类型的适用条件参考表9,且宜结合单项指标综合确定。

表9 结构性修复养护方案类型的适用条件

结构性修复方案类型		适用条件		
		面层状况	基层状况	维护整治需求
直接加铺	直接加铺沥青层	主要为单一的裂缝类病害	基层基本完整,仅局部损坏	下承层病害彻底处治,高程不受限,按交通量及设计需求进行原路面补强
重建	面层铣刨重铺	裂缝类病害较多,且多数已贯穿面层	基层基本完整,仅局部损坏	更换面层、基层局部处治,按交通量及设计需求进行原路面补强
	铣刨面层补强基层	裂缝类病害较多,且多数已贯穿面层	基层强度偏低、基层上部松散破碎	更换面层、基层维修处治,按交通量及设计需求进行原路面补强
	路面结构重建	裂缝类病害较多,且多数已贯穿面层	基层损坏严重、基本呈松散破碎状态	更换面层和基层,按交通量及设计需求重新设计路面结构

6.4.4 直接加铺方案应符合以下要求:

a) 应根据路面结构强度状况、主要病害类型与发生层位,以及路面高程变化对上跨构造物净空、隧道建筑限界、沿线交通安全设施、桥梁恒载及伸缩缝等影响,从安全、技术、经济等多方面进行综合论证。

b) 高程不受限制的结构性修复路段,可采用直接加铺方案,应采用两层及以上沥青层,沥青层总厚度不宜小于100mm。

c) 既有路面上加铺沥青层，应对既有路面病害进行处治，采取必要的防反射裂缝措施，如加厚沥青层、设置柔性基层、增设应力吸收层等。

d) 加铺沥青混合料表面层类型要求与功能性修复相同；中面层一般厚度为60～80mm，常用沥青混合料类型为AC-20C、Sup19及高模量沥青混合料等；下面层一般厚度为60～100mm，常用沥青混合料类型为AC-20C、Sup19，也可采用AC-25C、Sup25等。

6.4.5 结构重建方案应符合以下要求：

a) 应根据路面结构承载能力、损坏状况、病害发展、功能需求等确定结构重建深度及层位。

b) 对沥青面层破损严重，基层基本完整，铣刨处治全部沥青面层重铺，对局部基层处治后，采取直接加铺沥青面层，或基层与沥青面层共同补强。如有条件，宜对铣刨旧沥青混合料采用再生技术，厂拌热再生沥青混合料可用于中面层及以下路面结构层，乳化沥青或泡沫沥青冷再生宜用于下面层或以下路面结构层位；新沥青混合料类型及适用结构层位要求同直接加铺方案。

c) 对沥青面层破损严重，基层强度偏低、基层上部松散破碎的，铣刨面层或部分基层（剩余基层厚度不应低于15cm），补强基层，补强基层可采用无机结合料类、沥青稳定碎石；如有条件也可采用厂拌热再生或沥青稳定类厂拌冷再生。

d) 采用铣刨重建时，宜保留较好的底基层或对底基层处治或就地冷再生，作为新铺路面的下承层。需要采取针对性措施，确保施工过程中路基强度不会在结构性修复期间发生明显降低，补强重铺前应对下承层病害及结构强度状况进行详细调查并处治。

6.4.6 无论采用直接加铺方案，还是结构重建方案，均应按照《公路沥青路面设计规范》（JTG D50）有关要求采用专用设计程序计算各结构层的厚度。

6.5 桥梁和隧道沥青混合料铺装层养护维修

6.5.1 桥梁及隧道的沥青混合料铺装层调查宜与路基段一并调查、评定，同步处治。

6.5.2 应根据桥隧沥青铺装路面技术状况调查及评价、病害位置、类型、程度、产生原因等因素，确定养护方案，并做好与桥隧已有排水设施的衔接。

6.5.3 受桥梁结构自重和隧道建筑限界的限制，桥梁及隧道的沥青混合料铺装层养护宜采用铣刨或挖除后重铺，维持现有高程不变。如桥梁增加恒载须进行桥梁结构验算，隧道铺装增加高程应进行建筑限界核查。

6.5.4 经调查评定，病害位于沥青混合料铺装层时，根据病害层位确定处治沥青混合料铺装层深度，如果位于混凝土铺装层，则应先铣刨沥青混合料铺装层并彻底处治混凝土铺装层及下部病害，然后按新建进行层间黏结功能层处理，最后恢复新沥青混合料铺装层。

6.5.5 桥梁和隧道沥青混合料铺装层宜与相邻路基段的表面层、中面层一致，至少下面层应为密实型沥青混合料。

6.5.6 桥梁和隧道沥青混合料铺装层的混合料类型宜按原设计恢复，也可结合重铺沥青铺装层厚度、一般路段沥青混合料类型论证后调整。

6.5.7 钢桥面沥青混合料铺装养护设计时，应结合既有沥青混合料铺装层结构，对恢复沥青混合料铺装层结构进行专项设计。

a) 钢桥面沥青铺装主要病害分为纵横向裂缝、坑槽、鼓包、车辙、波浪拥包等，应分析诊断病害产生的原因，并及时采取病害处治措施或养护措施。

b) 由沥青铺装层引起的裂缝、车辙、波浪拥包、坑槽等病害，可采取封层、铣刨重铺等养护措施。

c) 黏结防水层失效、层间黏结不良引起或与沥青铺装层共同引起的开裂滑移、车辙、波浪拥包、脱层等病害，应采取铣刨重铺养护措施。

d) 采用铣刨重铺方案时应加强层间黏结功能层设计。

6.6 长大纵坡路段设计

应对长大纵坡路段上坡段车辙、下坡段抗滑衰减等病害进行专项论证,并提出针对性处治措施。

6.7 功能层设计

6.7.1 应采取措施延缓新加铺沥青混合料层的反射裂缝,加强各结构层之间、新旧路面界面之间的黏结,提高耐久性。

6.7.2 新建半刚性基层上应设置透层。

6.7.3 结构性修复工程的无机结合料稳定类、泡沫沥青或乳化沥青冷再生类结构层与沥青结合料类结构层之间应设置下封层,功能性修复工程经处治合格的既有路面上宜设置应力吸收层,下封层或应力吸收层宜采用橡胶沥青或 SBS 改性沥青同步碎石封层。

6.7.4 各沥青混合料层间、沥青面层与下封层(或应力吸收层)间均应洒布改性乳化沥青黏层油。

6.7.5 对非特殊结构的桥梁和隧道沥青混合料铺装层,当需要全部铣刨沥青混合料铺装层时,应采用与新建相同的方法,对基面进行处理,然后恢复新沥青混合料铺装层。

a) 采取喷砂打毛或精铣刨等措施使沥青混合料层与水泥混凝土调平层界面粗糙,干净、干燥,处理后的水泥混凝土层构造深度不宜小于 0.5mm。

b) 应采用黏结防水层加强层间黏结,宜采用同步碎石封层,也可采用涂膜类专用防水材料等,宜通过拉拔试验和剪切试验优选黏结防水层。

6.7.6 钢桥面板的黏结防水层破坏,沥青铺装铣刨重铺时,应符合以下要求:

a) 钢桥面顶板表面应设置防腐层,应对钢桥面板表面进行喷砂除锈处理,喷砂处理后的清洁度达到 Sa2.5 级以上,粗糙度应达到 60 ~ 140μm,小面积维修和无法进行机械喷砂除锈的钢桥面板可采用打磨工艺除锈。应在除锈后 3h 内喷涂防锈层。

b) 既有桥面黏结防水层不满足要求,应进行专项设计,新桥面黏结防水层应与铺装层材料类型相匹配。

c) 磨耗层与保护层之间应设置改性乳化沥青黏层。

d) 界面功能层各层位都有多种材料可供选择,选择的界面功能层材料应与铺装结构层相匹配。

6.8 既有路面病害处治设计

6.8.1 应对影响养护方案质量的既有路面病害进行处治,病害处理范围、深度应与主导养护方案相匹配。

6.8.2 局部路基病害造成路面破坏的,应根据《公路路基设计规范》(JTG D30)的相关要求,彻底处理路基病害并完善排水设施。

6.8.3 既有路面病害处治分为局部处治和整体处治两类。

6.8.4 既有路面病害相对孤立且处治面积小时,宜采用局部病害处治,除应符合《公路沥青路面养护技术规范》(JTG 5142)的有关规定外,尚应符合以下要求:

a) 旧沥青路面出现的裂缝类、变形类、水损害类病害,应根据病害状况按照“逐层开挖、逐层判断、逐层修补”的原则确定处治范围、深度。

b) 局部基层、底基层损坏造成路面破坏的,需要对路面基层、底基层进行修复。局部修复小面积可采用贫混凝土、沥青混合料;修复面积较大时,宜采用与既有路面结构类似的材料或沥青混合料。

c) 应根据裂缝类型特点、严重程度及原因确定适宜的处治措施,可采用灌缝、贴缝、带状挖补方式,或进行组后使用。单一裂缝但未发生唧浆、支缝、崩边等,宜采用封缝处理。裂缝宽度不大于 5mm 的,可采用裂缝贴进行封缝;宽度不大于 10mm 的单一裂缝,宜采用灌缝方式进行封闭;出现明显变形、唧浆的裂缝,可采取挖补或沿线注浆措施,但应通过试验优选工艺和材料。

d) 旧水泥混凝土桥面沥青铺装各种病害的处治,经检查确认为非桥梁结构破坏引起的沥青混合料铺装层损坏,应按上述有关病害的处治方法进行;因桥面水泥混凝土整平层或下部结构破坏引起的沥青混合料铺装层损坏,应对破坏的水泥混凝土整平层及其下部结构处治合格后,方可恢复沥青面层。

e) 钢桥面铺装应根据既有沥青铺装结构及材料、病害类型、处治方案和工艺等进行专项设计。

f) 隧道内或其他路段复合式路面沥青面层病害的处治,经检查确认为非水泥混凝土面板破坏引起的沥青面层损坏,参照上述有关病害的处治方法;如因水泥面板脱空引起的反射裂缝病害,宜先通过注浆的方式对水泥混凝土面板稳固处理(但不得影响排水系统),再按照上述有关病害的处治方法进行;对水泥面板破碎、板角断裂引起的沥青面层沉陷、龟裂等病害,应先挖除损坏的水泥面板,甚至基层,再重新浇筑水泥混凝土面板,或基层,养生合格后恢复沥青面层。

6.8.5 病害密集、局部处治难以达到预期效果的,宜采用整体处治,处治措施可参考表10;对于整体病害处治方案宜与再生等新技术论证确定。

表10 整体病害处治措施

病害特点		方案
表面层病害	横、纵向裂缝密集,病害主要位于表面层的龟裂、坑槽、车辙等的连续路段	铣刨(或挖除)恢复表面层
中、上沥青面层病害	1. 横、纵向裂缝密集,且裂缝已经发展至中面层的连续路段; 2. 中、上面层均出现明显变形的车辙	铣刨(或挖除)恢复中、上面层
沥青面层	支缝明显,存在沉陷变形,伴有唧浆,基层有开裂的纵横向裂缝	铣刨(或挖除)恢复全部沥青面层
基层病害	1. 支缝明显,存在沉陷变形,伴有唧浆; 2. 基层有大面积龟裂、块裂或沉陷等病害	铣刨(或挖除)恢复沥青面层及基层

a) 铣刨或挖除的沥青面层,宜采用与原面层类似的沥青混合料。

b) 无机结合料稳定材料基层、底基层需要较大面积修复的,宜采用水泥稳定碎石或与既有基层、底基层相同的无机结合料稳定材料。

6.8.6 病害处治应进行搭接设计。

a) 针对搭接部位的连接、反射开裂和渗水,应提出针对性措施,且宜避开轮迹带。

b) 搭接应采取台阶式,沥青面层各层台阶搭接宽度不应小于150mm,基层、底基层台阶搭接宽度不应小于250mm,沥青面层与基层不应接在同一垂直面上。

c) 新旧沥青层接缝处应涂刷黏层油、新旧无机结合料应洒布水泥浆,以增强新旧路面界面的结合。

d) 宜采取防反射裂缝措施,延缓加铺层反射裂缝的出现。

6.9 再生设计

6.9.1 既有路面铣刨或挖除的材料应按再生利用要求进行分类收集,避免泥土或其他杂物混入沥青面层或基层旧料,及时回收运至指定地点进行分类储存与再生利用,严禁污染环境。

6.9.2 再生利用方式应综合考虑工程特点、技术可行性、经济合理性和施工方便性等因素论证确定。对沥青面层宜采用就地热再生、厂拌热再生或厂拌冷再生,无机结合料材料宜采用就地冷再生。

6.10 动态设计

6.10.1 动态设计是根据施工中反馈的信息完善设计,是对原设计的完善和优化,是施工图设计的延伸,而不是进行工程方案的重大变更设计。要以完整的施工设计图为基础,严禁打着“动态设计”的旗号,进行“边施工,边设计”。

6.10.2 采用“三阶段”动态病害确认优化设计,并符合下述要求:

a) 第一阶段病害确认:在初勘调查和施勘调查阶段,对路面技术状况进行详细调查和病害分析诊断,为施工图文件编制提供依据。既有路面病害处治的工程数量应基于调查资料、处治方案,还应结合施工工期、施工季节和交通组织方式等因素,预估既有路面从设计到施工期间路面病害发展或衰减增加的工程数量。

b) 第二阶段病害确认:在施工进场后,路面病害处理前,发包人、监理人、设计代表、承包人及咨询监控单位(如有)对路面病害状况进行再次调查确认,既有路面病害处治的工程数量应与施工图文件中的工程数量进行对比,由业主代表、设计、监理、承包人及咨询(如有)共同签字确认。

c) 第三阶段病害确认:在路面病害整治过程中,发包人、监理人、设计代表、承包人及咨询监控单位(如有),及时、认真观察重点路段、严重病害铣刨层位和病害程度,既有路面病害处治的工程数量应根据现场实际情况,病害记录应详细,有数据有图,必要时录像,由业主代表、设计、监理、承包人及咨询(如有)共同签字确认,复核和优化路面病害整治方案,确保整治设计方案的适应性和针对性。

7 材料设计

7.1 一般规定

7.1.1 应调查项目沿线筑路材料并取样进行材料性能试验,结合材料性能要求和地区路面使用经验,选择路面材料。

7.1.2 材料指标应结合项目沿线气候、交通等级、线形、结构类型及工程特点等综合确定。

7.1.3 应对涉及的材料,包括原材料、配合比、混合料及施工工艺等提出明确要求,并符合《公路沥青路面施工技术规范》(JTG F40)、《公路路面基层施工技术细则》(JTG/T F20)、《公路沥青路面再生技术规范》(JTG/T 5521)及《高速公路沥青路面设计与施工技术指南》(DB 51/T 2602)等的有关规定。

7.2 沥青面层

7.2.1 沥青层应具有平整、抗车辙、抗疲劳、抗开裂和抗水损害等性能,表面层尚应具有抗滑和耐磨耗性能,常用沥青面层材料类型及适用结构层可参考表 11。

表 11 路面结构层材料选择

常用材料类型	适 用 层 位
AC-C 型沥青混合料	面层各结构层
Sup 型沥青混合料	面层各结构层
SMA 型沥青混合料	表面层
PFC 型沥青混合料[a]	表面层或中面层
ATB 型沥青混合料	下面层或基层
微表处	表面层
超薄罩面	表面层

[a] 采用 PFC 型沥青混合料时,应加强路面结构内部排水设计,完善排水设施。

7.2.2 对修复性养护工程,表面层可采用SMA、AC-C、PFC及Sup;中及以上交通荷载等级高速公路宜采用SMA;年均降雨量大于500mm或对降低噪声有需求的地区可采用PFC;PFC用于交通荷载等级为极重或冰冻地区时应进行专项论证;中、下沥青面层,或至少沥青下面层,宜采用密实型沥青混合料。

7.2.3 对结构性养护工程,表面层和中面层应采用改性沥青,排水沥青路面应采用高弹改性沥青。应结合项目沿线气候、交通量、线形、使用部位等选择沥青指标,各指标之间应协调,且不应低于《公路沥青路面施工技术规范》(JTG F40)、《公路沥青路面设计规范》(JTG D50)等有关规定。

7.2.4 常用沥青混合料AC、SMA、PFC等原材料、配合比设计和施工工艺等技术要求应符合《高速公路沥青路面设计与施工技术指南》(DB 51/T 2602)及《公路沥青路面施工技术规范》(JTG F40)的有关规定。

7.2.5 微表处、超薄罩面、薄层罩面等原材料、配合比设计和施工工艺等技术要求不低于《公路沥青路面施工技术规范》(JTG F40)及《公路沥青路面养护技术规范》(JTG 5142)等有关规定。

7.3 基层和底基层

7.3.1 常用基层和底基层及适用结构层符合表12的要求。

表12 路面结构层材料组合选择

常用材料类型		适用层位	适用交通荷载等级及路段
柔性基层	级配碎石	基层、底基层	重及以下交通荷载等级
	沥青结合料稳定层		各种交通荷载等级
水泥稳定碎石		基层、底基层	各种交通荷载等级
水泥混凝土类		基层、底基层	各种交通荷载等级,宜用于隧道或局部水泥稳定碎石不易实施路段

7.3.2 水泥稳定碎石原材料、配合比设计及工艺质量控制应符合《高速公路沥青路面设计与施工技术指南》(DB 51/T 2602)的有关规定。

7.3.3 混凝土等刚性基层原材料、配合比设计及质量控制等应符合《公路水泥混凝土路面施工技术细则》(JTG/T F30)、《公路路面基层施工技术细则》(JTG/T F20)、《公路水泥混凝土路面设计规范》(JTG D40)的有关规定。

7.4 再生材料

7.4.1 常用再生材料类型及适用结构层参考表13的要求。

表13 常用再生方式及使用层位

常用材料类型	适用层位	备注
就地热再生	表面层或中面层	加铺型就地热再生,再生层作为中面层使用
厂拌热再生沥青混合料	除表面层以外的其余结构层	—
厂拌冷再生沥青混合料	下面层及以下路面结构层	—

7.4.2 厂拌再生用RAP应处理后使用,宜根据既有路面结构分层铣刨,分别处理,破碎宜不少于两级,各档之间应分开堆放,且应搭雨棚遮盖,减少含水率的变异。

7.4.3 沥青稳定类厂拌冷再生外掺水泥剂量不应大于1.5%,应通过级配优化和改善乳化沥青或泡沫沥青指标提高混合料性能。

7.4.4 再生混合料原材料、旧沥青混合料 RAP、混合料组成设计、施工工艺和质量检验标准等应符合《公路沥青路面再生技术规范》(JTG/T 5521)等有关规定。

7.5 功能层材料

7.5.1 黏层油应采用阳离子型改性乳化沥青,其材料要求、施工工艺与质量控制应符合《公路沥青路面施工技术规范》(JTG F40)有关规定,洒布量宜为0.15~0.3kg/m^2(以沥青质量计)。

7.5.2 同步碎石封层材料要求符合《高速公路沥青路面设计与施工技术指南》(DB 51/T 2602)的有关规定。

7.5.3 沥青加铺层反射裂缝的预防和处治可采用聚合物改性沥青抗裂贴,技术指标要求不应低于《沥青加铺层用聚合物改性沥青抗裂贴》(JT/T 971)的有关规定。

7.5.4 钢桥面铺装的桥梁黏结防水层技术指标应符合《公路钢桥面铺装设计与施工技术规范》(JTG/T 3364-02)等有关规定。

7.6 封缝类材料

7.6.1 灌缝材料宜采用灌缝胶,贴缝材料可采用热黏式贴缝胶和自黏式贴缝胶,其工艺可分为直接贴缝和灌缝后贴缝。

7.6.2 灌缝胶应与沥青混凝土缝壁黏结能力强,不渗水,弹性好,高温时不流淌,不黏轮,低温时不脆裂,耐久性好。材料技术指标应与项目的气候条件相匹配,其技术要求应符合《路面加热型密封剂》(JT/T 740)的有关规定。

7.6.3 贴缝带应采用以聚合物改性沥青,或聚合物改性沥青和胎基布为主要原料的材料,材料技术指标应与项目的气候条件相匹配,其技术要求应符合《路面裂缝贴缝胶》(JT/T 696)的有关规定。

7.7 四新技术

应结合项目特点,积极稳妥地选用新技术、新材料、新工艺和新装备,但应对原材料、混合料、施工工艺等提出明确要求,经有关试验,在铺试验路的基础上论证后使用。

8 其他设计

8.1 一般规定

8.1.1 养护设计应以路面为主,统筹兼顾,施工完成后不应影响其他工程的功能。

8.1.2 应根据需要开展与路面养护工程相关的其他项目的施工图设计工作,包括路线设计、路基设计、桥隧维修加固设计、交通工程及沿线设施设计等,对存在的其他工程缺陷宜同步改善。

8.2 路线设计

8.2.1 路线平、纵、横指标宜维持原设计,对结构性修复养护工程原则上应开展纵断面设计,对功能性修复及预防养护工程,除有特殊需求外,可不开展路线设计。不同厚度养护方案、沥青加铺层与桥隧结构物之间应平顺过渡,且应满足排水要求的最小坡度。

8.2.2 对运营过程中存在路基病害、跳车等影响行车安全或舒适性的路段,应先进行专项处治,恢复线形,最后与路面养护一并实施。

8.3 排水设计

8.3.1 路面排水包括路表排水、内部排水和地下排水三部分,应结合既有病害调查,检查原排水设施的功能状况和结构状况,采用"排、堵、疏"的原则进行排水设计,完善现有排水系统。

8.3.2 对运营过程中路表积水路段,应设置中央分隔带边沟或局部调整纵横坡加大路表排水能力。

8.3.3 对存在唧浆或发生水损坏等内部排水存在问题路段,可在路面内部或边沟底设置盲沟,排除路面内部积水或降低地下水位。

8.3.4 应做好中央分隔带防排水设计,对中央分隔带防排水系统发生破坏的路段应重做防水层,修复排水系统。

8.3.5 路面排水应与其他排水系统相结合,并满足《公路排水设计规范》(JTG/T D33)的有关规定。

8.4 环境保护

8.4.1 应以维护生态,降低污染、保护沿线环境为目标,对施工产生的污染应采取相应的处治措施。

a) 路面养护用集料开采和加工应规范,减少对环境的破坏和污染。

b) 减少拌和站、施工扬尘对环境空气的污染。

c) 减少噪声对声环境的污染。

d) 减少养护施工中的污水、废弃物等对环境的污染。

8.4.2 应积极推广和应用无污染或污染少的"四新技术"。养护施工中产生的废旧路面材料应采用再生技术予以利用,无法利用的材料应予收集并妥善处理。

8.5 交通组织设计

8.5.1 应在施工图设计阶段同步开展交通组织设计,并在施工图设计文件中明确交通组织方案,费用计入预算,且满足以下要求:

a) 应贯彻"安全、畅通、保障施工进度"的原则,结合道路特征、整治段落长度、交通量大小、工程实施特点等因素进行交通组织设计,编制合理、科学的施工交通组织方案。

b) 应结合既有道路及周边路网施工期间分流能力,确定合理的区域路网交通组织设计,同时还应针对养护一般路段和关键工点,确定合理的路段交通组织设计方案。

c) 应结合中央分隔带开口、互通式立体交叉、施工特点等因素,合理设置养护作业控制区。

d) 养护作业控制区布置、安全设施配置及养护安全作业应符合《公路养护安全作业规程》(JTG H30)的有关规定。

8.5.2 根据工程规模合理确定工期、进度,并以此编制施工组织方案和措施。

8.6 设计文件编制

8.6.1 设计文件的组成及内容应满足《公路沥青路面养护设计规范》(JTG 5421)的有关规定。

8.6.2 一阶段施工图设计文件的组成及内容参照本指南附录 B 的要求。

附 录 A
(资料性附录)
路面养护工程分类

路面养护工程分类见表 A.1。

表 A.1 路面养护工程分类表

<table>
<tr><th>序号</th><th colspan="2">类 别</th><th>主 要 内 容</th><th>设计阶段要求</th></tr>
<tr><td>1</td><td colspan="2">预防养护</td><td>针对路面结构强度优良,整段面层轻微病害,采取防水、抗滑、抗老化等恢复功能性措施</td><td>一阶段施工图</td></tr>
<tr><td>2</td><td rowspan="2">修复养护</td><td>功能性修复</td><td>针对路面结构强度较好,整段面层加铺、铣刨加铺或加铺型再生等</td><td>一阶段施工图</td></tr>
<tr><td>3</td><td>结构性修复</td><td>改善路面结构强度,直接加铺或结构重构等</td><td>技术(方案)设计和施工图两阶段设计</td></tr>
<tr><td colspan="5">注:对一阶段施工图设计工程项目,可进行专门的技术(方案)设计,否则一阶段施工图中应包含技术(方案)设计的内容。</td></tr>
</table>

附　录　B
(资料性附录)
一阶段施工图设计文件组成

B.1　一般规定

B.1.1　施工图设计文件的提交应符合《公路工程基本建设项目设计文件编制办法》及《公路沥青路面养护设计规范》(JTG 5421)的相关规定。

B.1.2　在初勘调查和施勘调查的基础上,进行多方案技术经济比选,对推荐方案设计的材料选择、配合比设计、设计参数确定和施工工艺要求等进行具体化,编制预算等。

B.2　文件组成

一阶段施工图设计文件至少应由以下篇章组成。

第一篇　总体设计

第二篇　既有路面技术状况评价及分析(可纳入第三篇)

第三篇　路面养护设计

第四篇　其他工程设计

第五篇　环境保护

第六篇　筑路材料

第七篇　交通组织设计

附件:调查资料

施工图设计预算(单独成册)

B.3　各篇主要内容

B.3.1　总体设计

a)　养护项目位置示意图。

b)　设计说明,包括基本情况、设计依据、设计原则、交通量分析、既有路面现状及适用性评价、路面方案论证过程、其他设计情况、筑路材料、交通组织设计等。

B.3.2　既有路面技术状况评价及分析

a)　既有路面技术状况检测内容、方法及过程。

b)　路面技术状况评价及单项指标评价,提供相关统计图标资料。

c)　路面病害钻芯、探坑或雷达检测资料,如位置、照片、芯样描述等内容。

d)　病害成因分析,结合路面病害现场调查、典型病害钻芯、材料试验及路面结构参数等分析病害产生的原因。

e)　排水、上跨构造物净空、交通工程沿线实施调查、中央分隔带开口位置、隧道建筑限界等其他资料。

B.3.3　路面养护设计

a)　说明,包括基础资料、既有路面状况调查及评价、路面养护方案设计、材料组成及技术要求、施工工艺要求、再生利用情况等。

b） 设计图表，包括路基标准横断面图、路面病害分布图、既有路面病害处治工程数量表、既有路面病害处治设计图、路面衔接过渡设计图、路面排水工程数量表、路面排水设计图，以及特殊工点设计等。

B.3.4 其他工程设计

a） 说明，包括概况、其他工程设计方案、材料组成及技术要求，以及施工关键点等。
b） 设计图表，包括其他工程数量表和设计图。

B.3.5 环境保护

应根据项目特点编制施工中的环境保护措施及注意事项，资源循环利用情况说明。

B.3.6 筑路材料

a） 沿线筑路材料位置、储量、上路桩号、线外运距等信息。
b） 设计图表，包括沿线筑路材料料场表、原材料试验成果表、混合料试验成果表。
c） 明确涉及的混合料是购买成品，还是要求施工单位自建拌和站；如自建，应说明冷、热拌和场位置、面积，有关工程量等。

B.3.7 交通组织设计

a） 说明，包括交通组织原则、区域交通组织和局部路段交通组织设计情况等。
b） 设计图表，包括养护作业布置图、交通组织设施工程数量表、临时工程数量表等。

B.3.8 施工图设计预算

a） 说明，包括工程概述、编制依据、各项费用标准等。
b） 设计图表，包括总预算表、人工主要材料机械台班数量汇总表、公路养护工程费计算表、其他工程及间接费用综合费率计算表、工程其他费用及回收金额计算表、人工材料机械台班单价汇总表、分项工程预算表、机械台班单价计算表等。